CROSSWORD PUZZLES FOR KIDS

BRAIN PUZZLES FOR KIDS

First Printed

Copyright © 2014

All Rights reserved. No part of this book may be reproduced or used in any way or form or by any means whether electronic or mechanical, this means that you cannot record or photocopy any material ideas or tips that are provided in this book.

This Book Belongs To

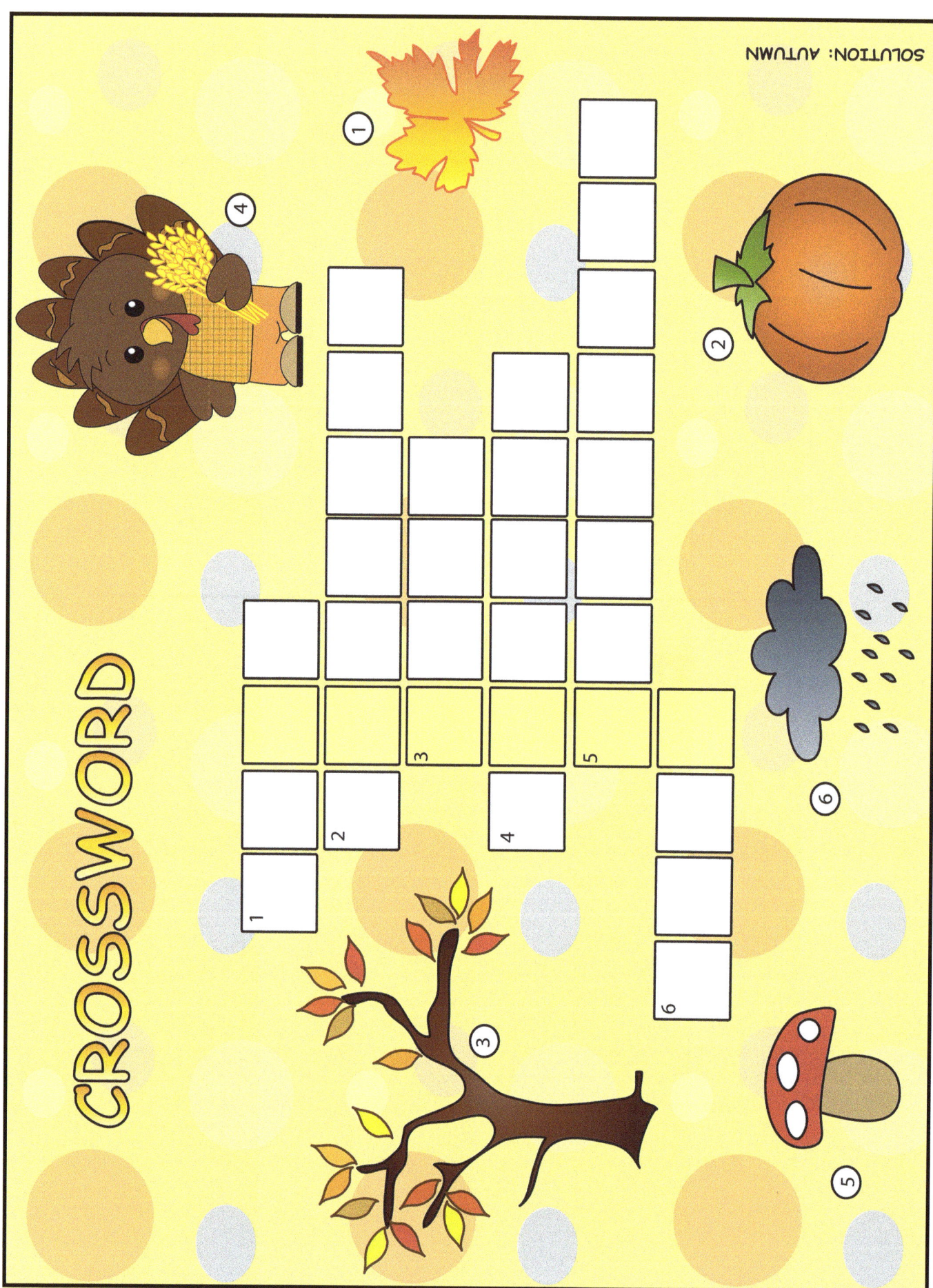

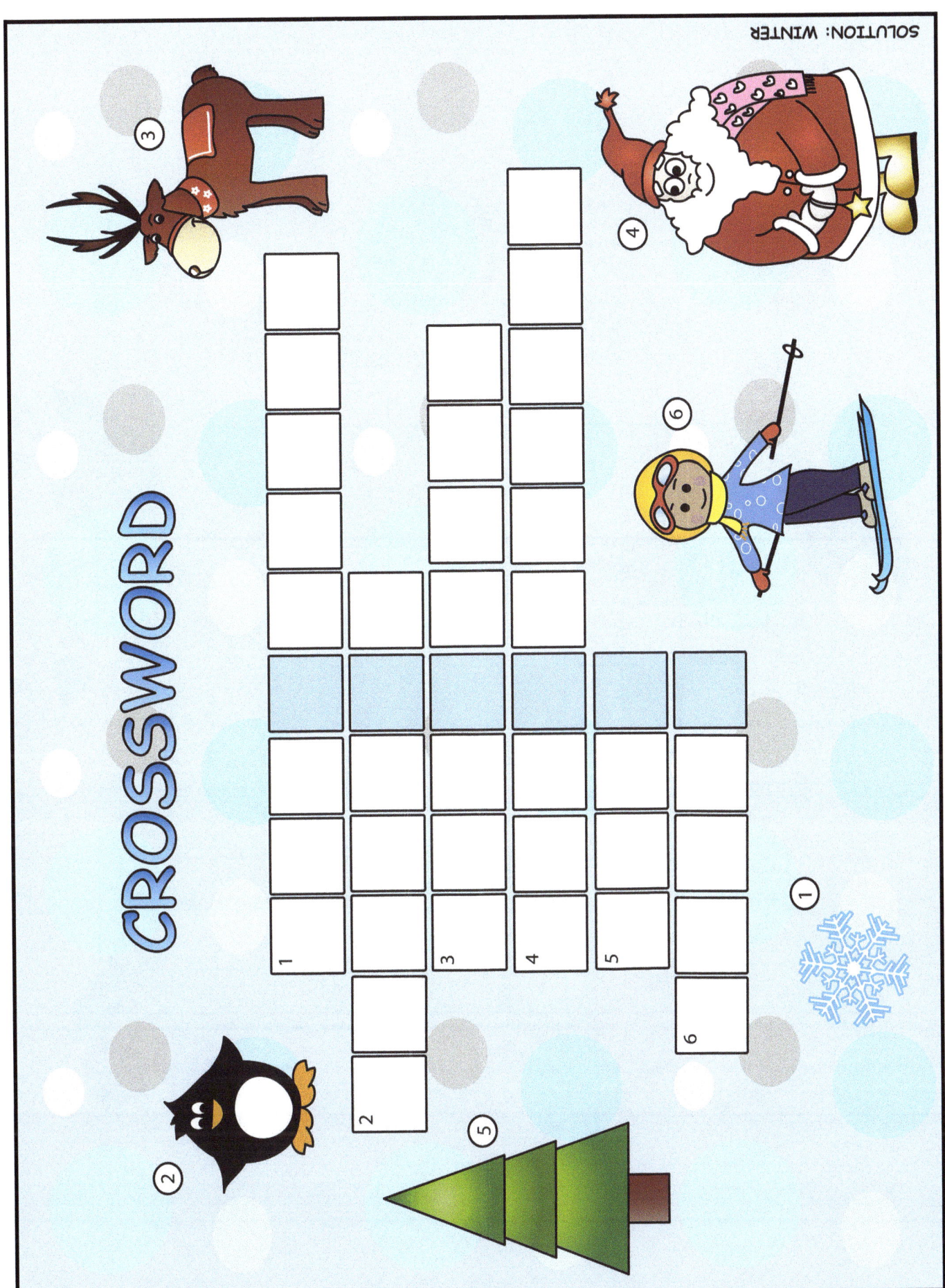

7

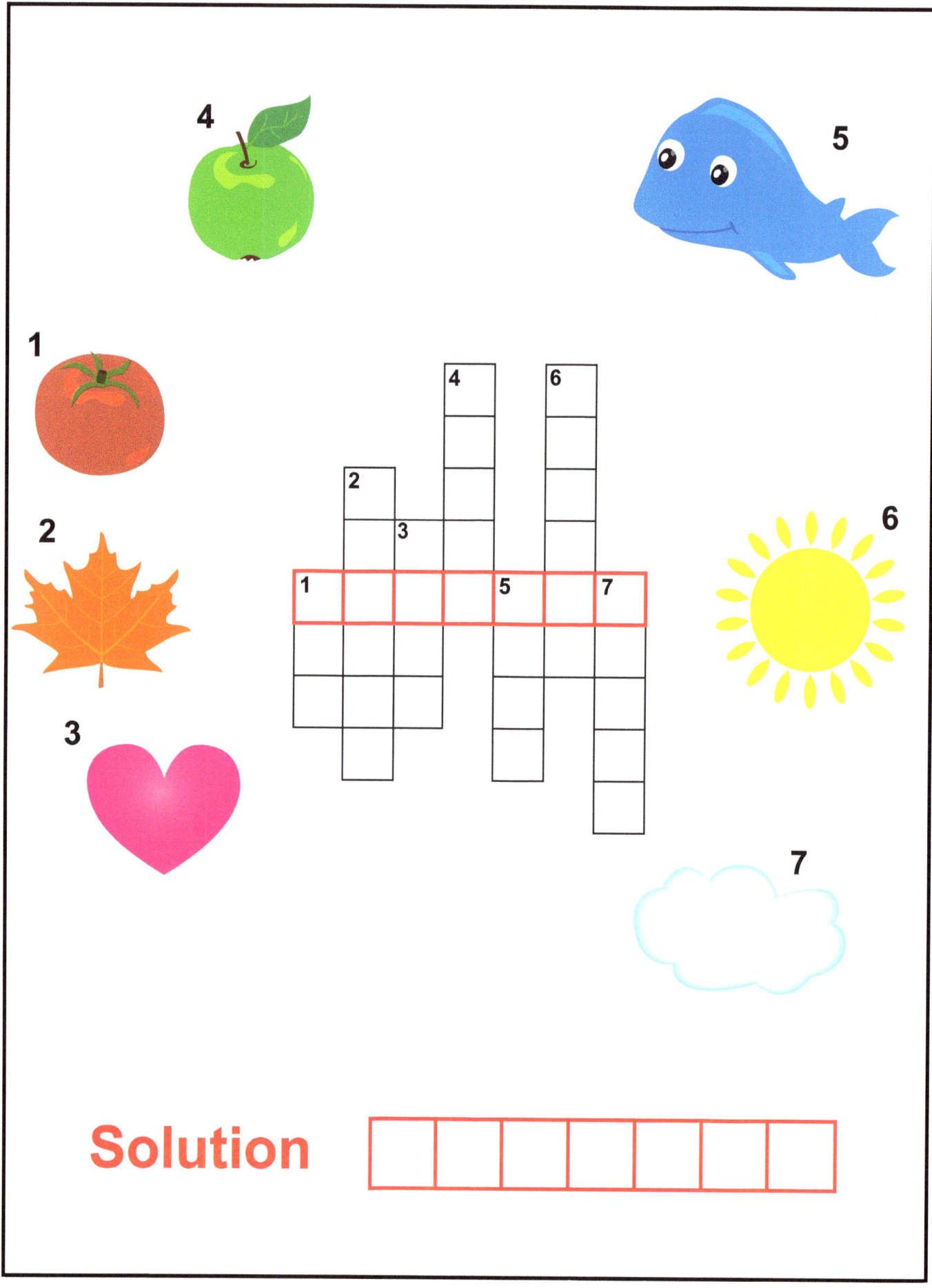

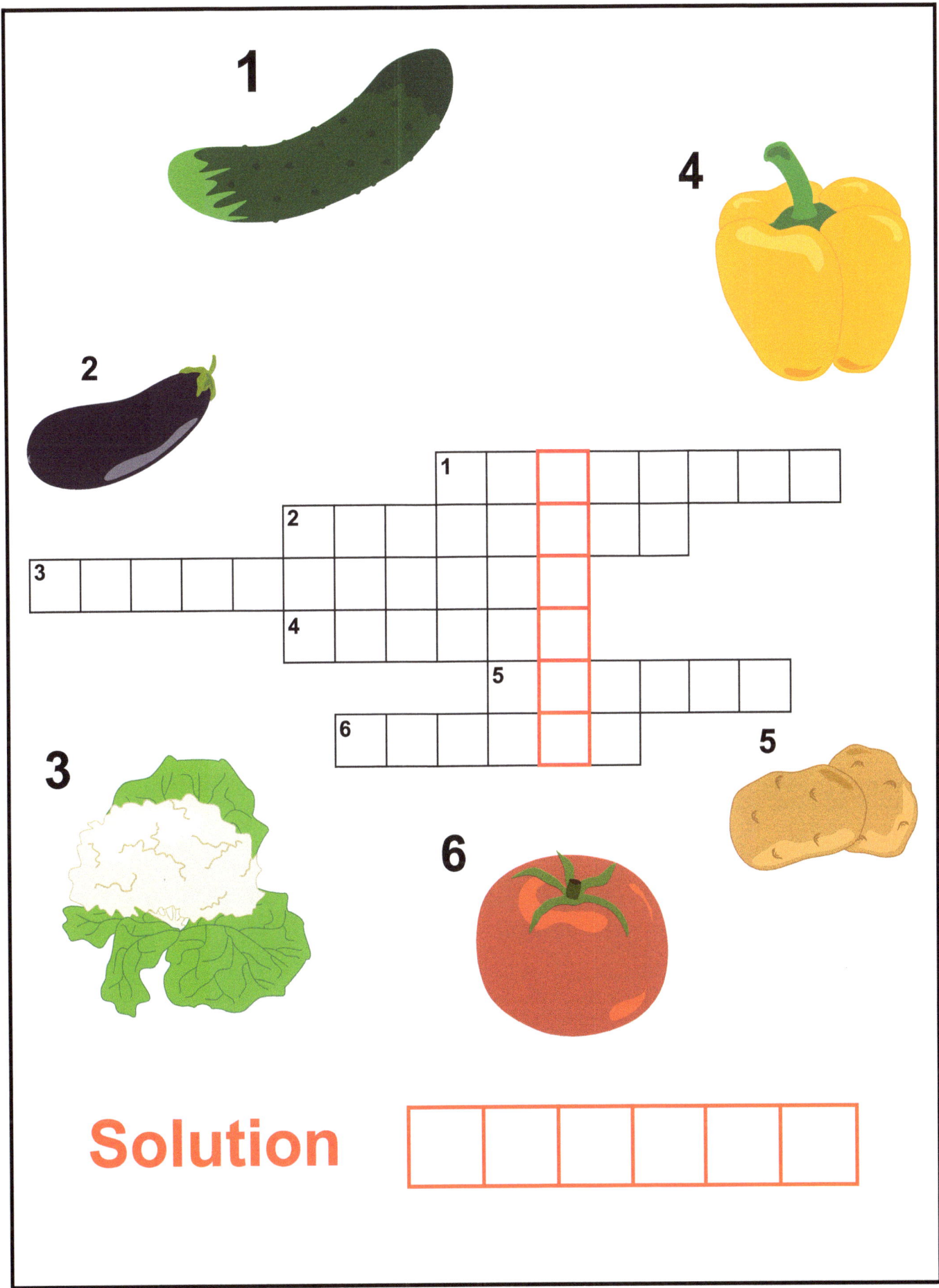

Solution

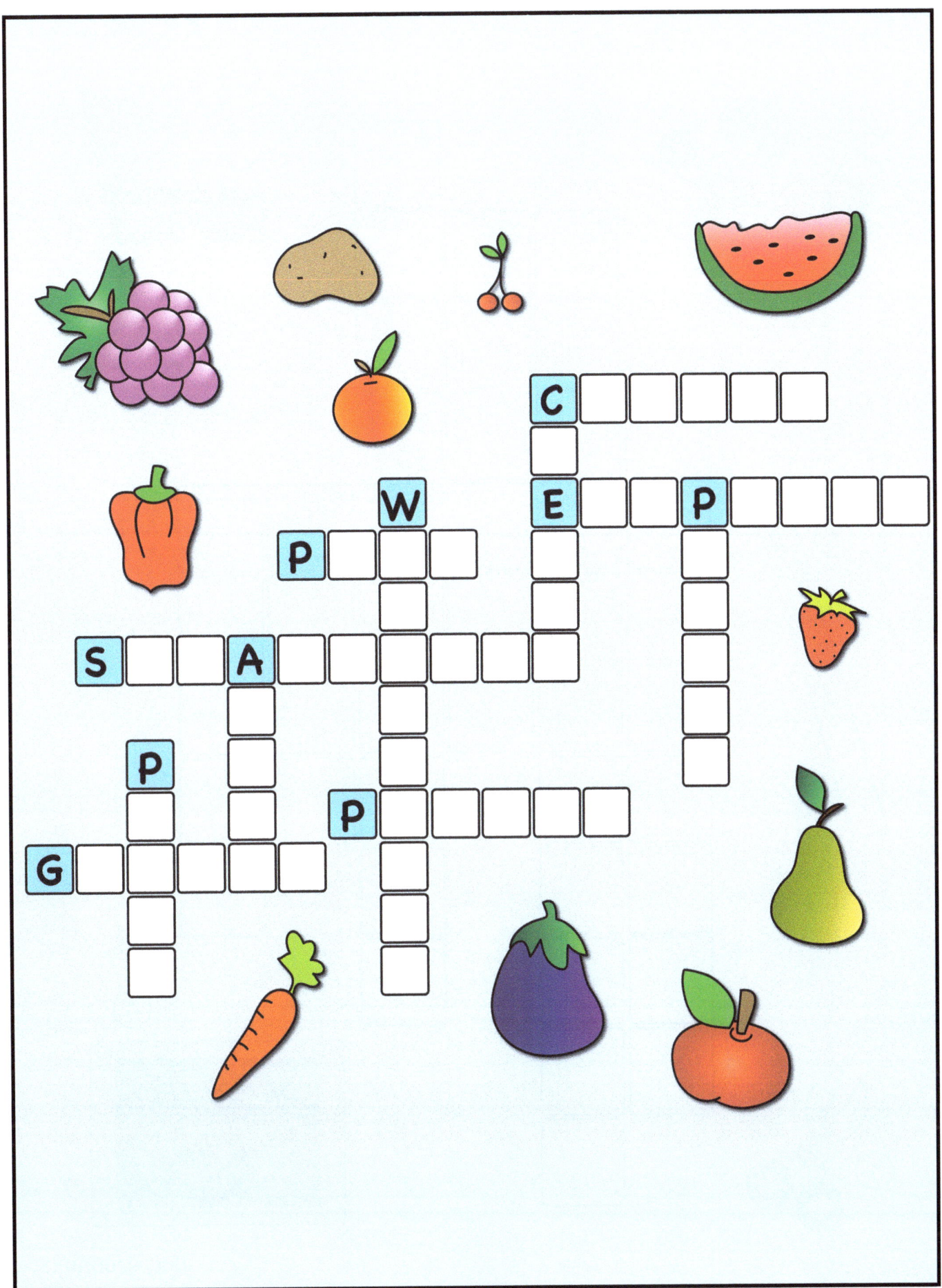

ALPHABET

13

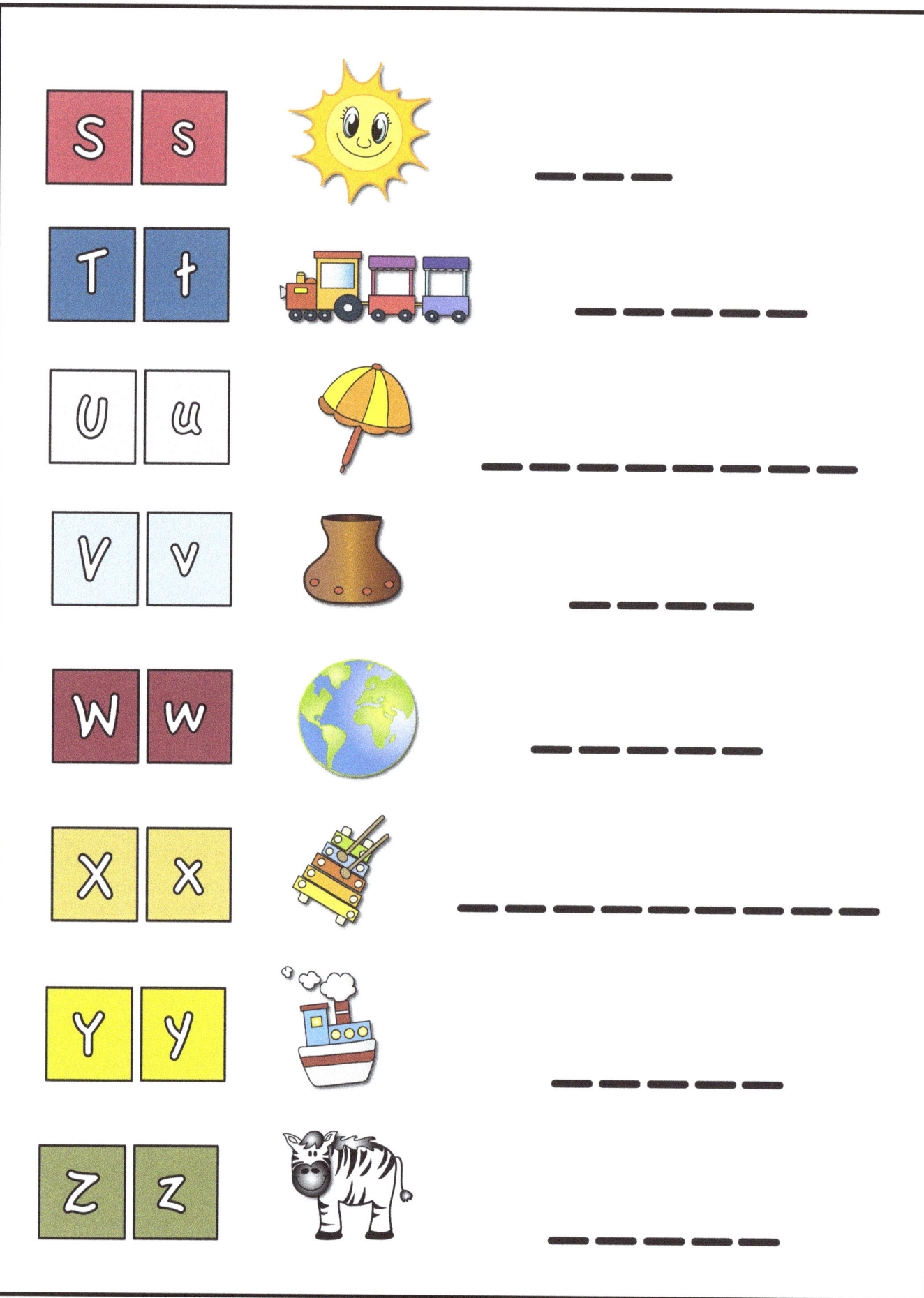

Fill in the grids with the words:

FOG	ADOBE	DIGIT	PETAL
LOT	ALLOW	FIFTH	ROYAL
NOB	ALTER	HOBBY	TUTOR
TON	ATTIC	KAZOO	VOGUE
	AUDIO	MINUS	
	CANDY	NIHIL	

Fill in the grids with the words:

EEL	ALLEY	ELEGY	RETRO
SET	APPLE	GATOR	SPEAK
TEA	CITED	LODGE	SUSHI
TEE	CRATE	PANEL	WHEEL
	CUBIC	PLATE	
	EARLY	REPLY	

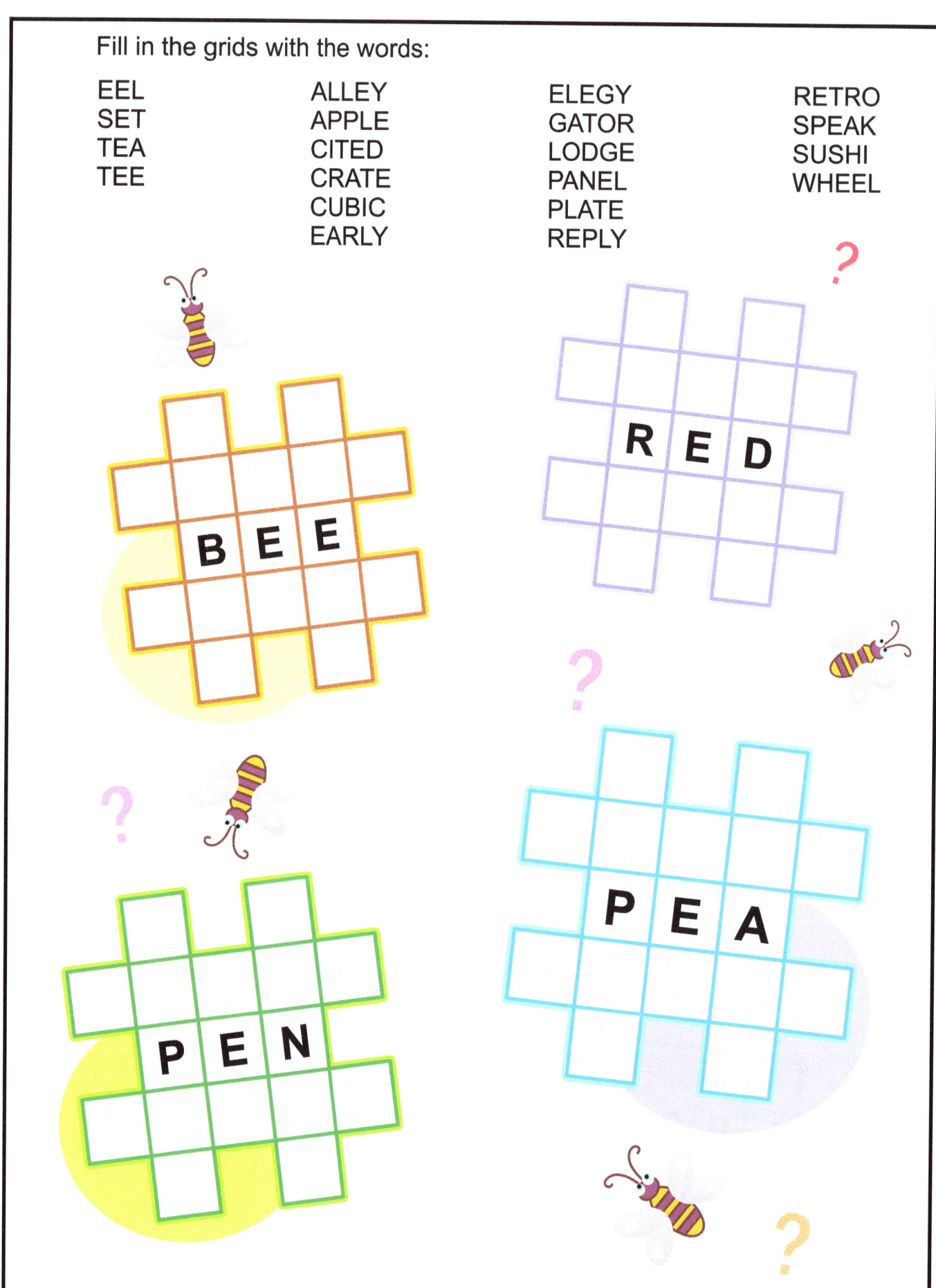

Autumn

P	U	D	S	R	V	T	O	S	C
E	L	D	E	A	E	K	E	M	H
O	E	R	P	H	S	C	V	B	O
C	B	R	T	R	T	A	O	E	O
T	O	E	E	A	I	B	N	R	L
R	S	B	M	N	N	F	A	L	L
U	E	A	S	O	E	L	G	N	I
B	H	A	L	L	A	V	E	S	C
B	S	T	O	O	W	E	E	N	O
E	R	B	O	E	Z	A	M	N	R

Find all the words from the word list:

BACK TO SCHOOL   OCTOBER
CORN MAZE   PUDDLE
FALLING LEAVES   RAIN
HALLOWEEN   RUBBER BOOTS
HARVEST   SEASON
NOVEMBER   SEPTEMBER

Beach

Find all the words from the word list
(ignore spaces and dashes):

CRAB SUNBATHING
FLIP-FLOPS SUNGLASSES
GULL SWIMMING
LOUNGE SWIMSUIT
OCEAN TOWEL
PEBBLE UMBRELLA
SAND VOLLEYBALL
SEA

Flowers

```
C W E R A C B L U E
O O R N A T L L E B
R L L I P I O N D A
N F U T A D R Y A I
F P A N I S H S H L
O T Y S Y Y C A N T
R O E L L M U M E H
G N E V A G L A D I
E E H T F O S U L O
T M L I L Y R O S E
```

Find all the words from the word list
(ignore spaces and dashes):

BLUEBELL
CARNATION
CHRYSANTHEMUM
CORNFLOWER
DAHLIA
DAISY
FORGET-ME-NOT
GLADIOLUS
LILY OF THE VALLEY
PANSY

ROSE
TULIP

Circus

```
B I G A G Y M N A S
P O T C R O B A T T
G U J A M R I N G M
G U E G C R E T S A
L N L I L N T I C K
E I C C O W E L K E
R C Y I A N S A E T
T R A P H O R W R F
P A R E R O P E K U
E D A Z E T R I C N
```

Find all the words from the word list:

ACROBAT
BIG TOP
CLOWN
FUN
GYMNAST
HORSE
JUGGLER
MAGICIAN

PARADE
RINGMASTER
ROPE WALKER
TICKET
TRAPEZE
TRICK
UNICYCLE

Patterns

```
B O H E I R T S T O
N A I M P E S P O I
E V R A R G Y L L L
H D O G P T A E K E
C A N I L A R T A N
A M Y N G I D A D I
S P E D H A M N O U
K A L O F L H S T Q
H I S G L A A R L E
T O O T O R I K A T
```

Find all the words from the word list
(ignore spaces and dashes):

ARGYLE IKAT
BOHEMIAN PAISLEY
CHEVRON PLAID
DAMASK POLKA DOTS
DOGTOOTH STRIPES
FLORAL TARTAN
GINGHAM TOILE
HARLEQUIN

Trees

```
B E D E U C A L P E
I C A S U T P Y I N
R C R O R N B E A M
B H A H L D E R D N
A N S T A K C E E I
B E P U O A H L N L
O A B N T S E M P O
B P A L M T R E E P
E F I R E L P A M L
E C H L A R C H R A
```

Find all the words from the word list
(ignore spaces and dashes):

ALDER	FIR
ASPEN	HORNBEAM
BAOBAB	LARCH
BEECH	LINDEN
BIRCH	MAPLE
CEDAR	OAK
CHESTNUT	PALM TREE
ELM	PINE
EUCALYPTUS	POPLAR

Winter

B	D	E	T	S	O	R	F	S	C
A	S	C	N	E	W	Y	F	R	A
R	E	E	J	R	A	E	M	I	T
E	E	M	A	S	N	O	W	M	T
T	R	B	N	U	A	S	N	A	E
I	T	E	I	S	R	N	E	I	N
N	A	R	C	K	Y	O	L	C	S
G	K	S	E	I	F	W	C	I	H
F	E	B	R	I	L	A	S	L	G
Y	R	A	U	N	G	K	E	E	I

Find all the words from the word list
(ignore spaces and dashes):

BARE TREES MITTENS
DECEMBER NEW YEAR
FEBRUARY SCARF
FROST SKIING
ICE SKATING SLEIGH
ICICLE SNOWFLAKE
JANUARY SNOWMAN

Car Parts

B	R	I	G	H	T	S	T	I	R
U	E	L	O	I	D	A	R	S	E
M	P	D	R	S	P	E	E	D	L
H	E	A	O	N	E	D	O	O	E
R	E	P	O	G	I	N	O	M	E
T	W	I	F	I	W	E	R	E	H
R	U	N	K	N	D	O	W	T	W
L	I	C	E	N	S	E	P	E	G
S	E	A	T	E	T	A	L	R	N
T	L	E	B	S	T	E	E	R	I

Find all the words from the word list
(ignore spaces and dashes):

BUMPER	SEAT BELT
DOOR	SPEEDOMETER
ENGINE	STEERING WHEEL
HEADLIGHTS	TIRES
LICENSE PLATE	TRUNK
RADIO	WINDOW
ROOF	WIPER

Family

P	T	S	I	S	T	H	U	N	E
A	N	R	E	T	O	E	N	E	R
R	E	O	M	B	R	R	C	L	D
F	D	T	L	E	R	C	H	I	L
A	N	H	A	T	I	V	S	O	N
T	A	E	R	F	A	E	A	U	N
H	R	N	E	P	T	H	E	R	T
E	G	W	E	H	N	I	E	C	E
R	G	R	A	N	D	D	A	U	G
R	E	H	T	O	M	R	E	T	H

Find all the words from the word list
(ignore spaces and dashes):

AUNT	MOTHER
BROTHER	NEPHEW
CHILDREN	NIECE
DAUGHTER	PARENT
FATHER	RELATIVE
GRANDFATHER	SISTER
GRANDMOTHER	SON
	UNCLE

25

Zoo Animals

G	I	R	Z	E	B	H	I	M	P
P	H	A	C	A	R	C	E	L	A
E	A	F	R	O	C	O	D	I	N
L	N	F	O	S	T	R	E	E	Z
E	T	E	P	H	C	I	H	O	F
K	A	H	Y	L	I	O	A	G	L
O	R	I	T	N	C	N	T	N	A
O	R	P	H	O	H	E	E	I	M
K	U	P	O	N	O	P	O	R	C
A	B	R	H	I	E	N	I	P	U

Find all the words from the word list:

CHEETAH   KOOKABURRA
CHIMPANZEE   LION
CROCODILE   OSTRICH
ELEPHANT   PORCUPINE
FLAMINGO   PYTHON
GIRAFFE   RHINO
HIPPO   ZEBRA

Summer

H	O	T	G	S	U	N	H	F	T
N	E	E	R	Y	E	N	O	R	I
G	R	A	S	S	I	D	S	E	U
H	A	L	O	F	M	Y	U	S	R
O	U	I	E	J	U	L	M	H	F
L	G	A	G	B	R	E	M	V	A
I	U	W	I	U	T	T	E	R	C
D	S	T	L	B	E	Y	L	F	A
A	Y	S	D	F	E	N	O	I	T
E	N	U	J	L	O	W	E	R	S

Find all the words from the word list
(ignore spaces and dashes):

AUGUST — HOT
BEE — JULY
BUTTERFLY — JUNE
FOLIAGE — MIDSUMMER
FRESH FRUIT — SUN
GREEN GRASS — VACATION
HOLIDAYS — WILDFLOWERS
HONEY

Help each bear to find the way to the playground.

Help the penguin to join his friends.

Help the clowns to get to the circus arena.
It is their turn to perform!

Help the mice friends to find the way to the best cheese ever (in the middle of the maze).

PUZZLE SOLUTIONS

Page 15 Puzzle

Page 16 Puzzle

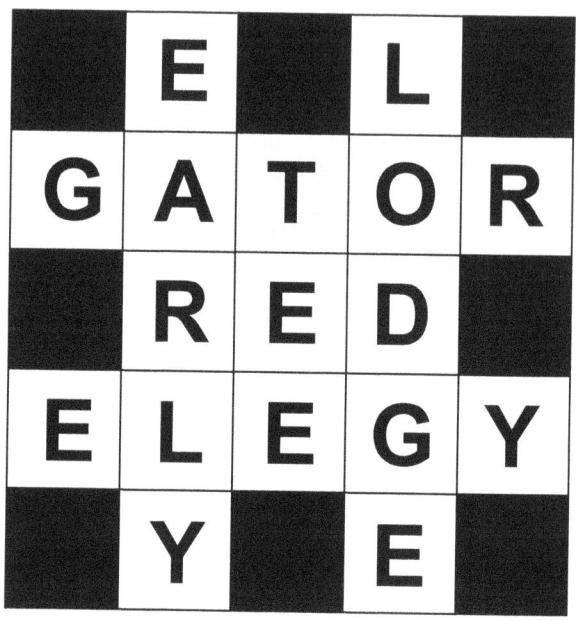

Page 17 Puzzle

Page 18 Puzzle

36

Page 19 Puzzle

C	W	E	R	A	C	B	L	U	E
O	O	R	N	A	T	L	L	E	B
R	L	L	I	P	I	O	N	D	A
N	F	U	T	A	D	R	Y	A	I
F	P	A	N	I	S	H	S	H	L
O	T	Y	S	Y	Y	C	A	N	T
R	O	E	L	L	M	U	M	E	H
G	N	E	V	A	G	L	A	D	I
E	E	H	T	F	O	S	U	L	O
T	M	L	I	L	Y	R	O	S	E

Page 20 Puzzle

B	I	G	A	G	Y	M	N	A	S
P	O	T	C	R	O	B	A	T	T
G	U	J	A	M	R	I	N	G	M
G	U	E	G	C	R	E	T	S	A
L	N	L	I	L	N	T	I	C	K
E	I	C	C	O	W	E	L	K	E
R	C	Y	I	A	N	S	A	E	T
T	R	A	P	H	O	R	W	R	F
P	A	R	E	R	O	P	E	K	U
E	D	A	Z	E	T	R	I	C	N

38

Page 21 Puzzle

39

Page 22 Puzzle

B	E	D	E	U	C	A	L	P	E
I	C	A	S	U	T	P	Y	I	N
R	C	R	O	R	N	B	E	A	M
B	H	A	H	L	D	E	R	D	N
A	N	S	T	A	K	C	E	E	I
B	E	P	U	O	A	H	L	N	L
O	A	B	N	T	S	E	M	P	O
B	P	A	L	M	T	R	E	E	P
E	F	I	R	E	L	P	A	M	L
E	C	H	L	A	R	C	H	R	A

40

Page 23 Puzzle

B	D	E	T	S	O	R	F	S	C
A	S	C	N	E	W	Y	F	R	A
R	E	E	J	R	A	E	M	I	T
E	E	M	A	S	N	O	W	M	T
T	R	B	N	U	A	S	N	A	E
I	T	E	I	S	R	N	E	I	N
N	A	R	C	K	Y	O	L	C	S
G	K	S	E	I	F	W	C	I	H
F	E	B	R	I	L	A	S	L	G
Y	R	A	U	N	G	K	E	E	I

41

Page 24 Puzzle

```
B R I G H T S T I R
U E L O I D A R S E
M P D R S P E E D L
H E A O N E D O O E
R E P O G I N O M E
T W I F I W E R E H
R U N K N D O W T W
L I C E N S E P E G
S E A T E T A L R N
T L E B S T E E R I
```

42

Page 25 Puzzle

P	T	S	I	S	T	H	U	N	E
A	N	R	E	T	O	E	N	E	R
R	E	O	M	B	R	R	C	L	D
F	D	T	L	E	R	C	H	I	L
A	N	H	A	T	I	V	S	O	N
T	A	E	R	F	A	E	A	U	N
H	R	N	E	P	T	H	E	R	T
E	G	W	E	H	N	I	E	C	E
R	G	R	A	N	D	D	A	U	G
R	E	H	T	O	M	R	E	T	H

43

Page 26 Puzzle

44

Page 27 Puzzle

45

Page 28 Puzzle

Page 29 Puzzle

Page 29 Puzzle

Page 30 Puzzle

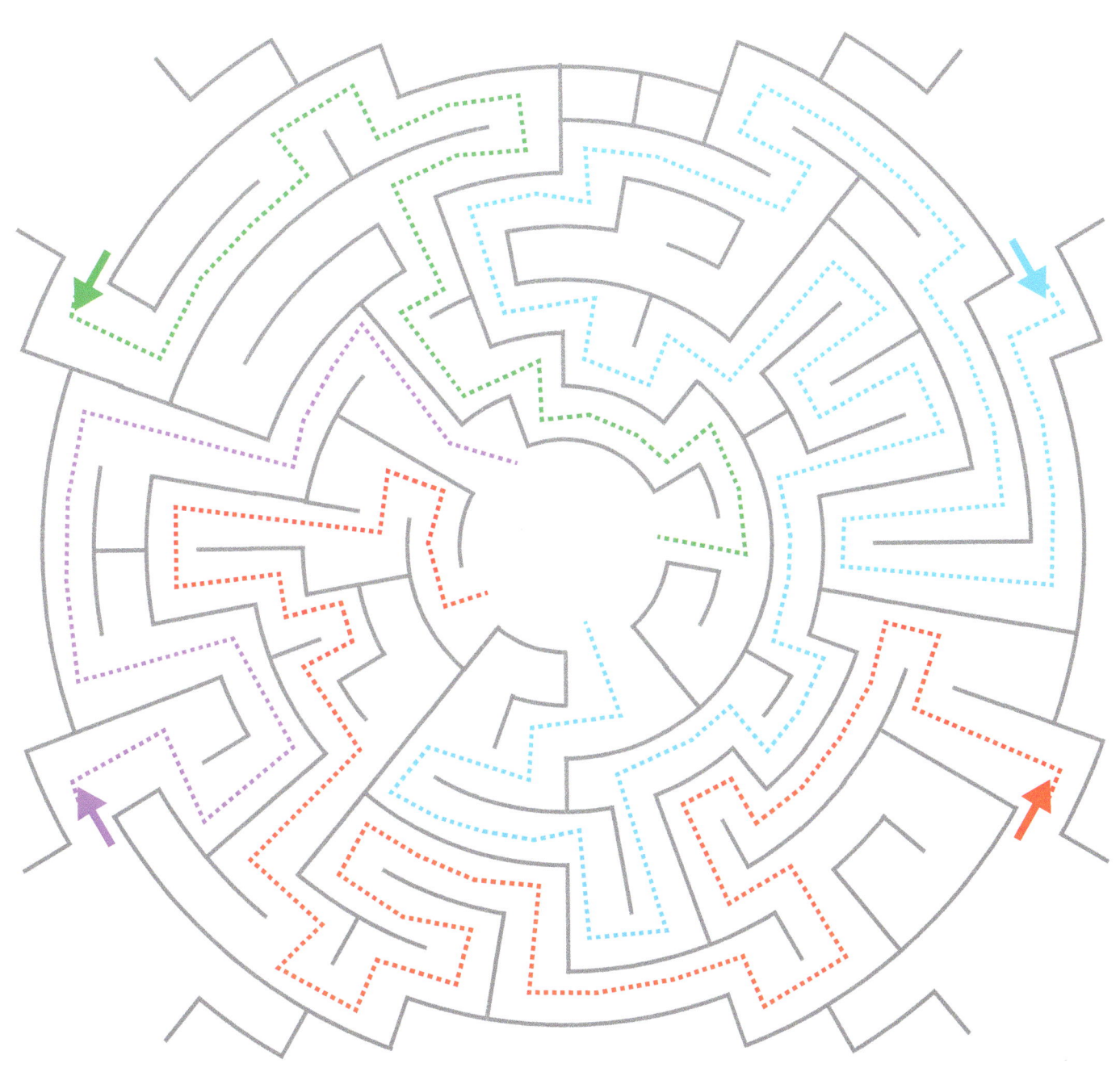

www.ingramcontent.com/pod-product-compliance
Ingram Content Group UK Ltd.
Pitfield, Milton Keynes, MK11 3LW, UK
UKHW050419240426
12048UKWH00014B/713